Vegetarretter

Birgit Juul Jensen

Vegetarretter

med fermentering

© 2007 – Birgit Juul Jensen
Sats og omslag: Books on Demand GmbH
Forlag: Books on Demand GmbH, København, Danmark
Fremstilling: Books on Demand GmbH, Norderstedt, Tyskland
Bogen er fremstillet efter on-Demand-proces

ISBN 978-87-7691-191-1

Indhold

Brød, grød og ris

Glutenfri hirseboller	9
Butterdejskuverter med fyld	10
Dybstegt brød	11
Upma	13
Makaroni med kokos	14
Tomatpandekager	15
Sesamris	17
Ashramris	18

Grøntsagsretter

Subodhinis grøntsagssuppe	21
Hvidkål med Kokos.	23
Grydestegt broccoli Orange	25
Ovnbagte auberginer	27
Spinat	29
Okra med soltørrede tomater	31
Dybstegt chili	32
Auberginegryde	33
Hokaido med soltørrede tomater	34

Patéer

Artiskokpaté	37
Julepaté	39
Svampepate med hvidløg	41

Frikadeller og pizza

Linsefrikadeller	45
Linsefrikadeller II	46
Falafel	48
Pizza	49

Retter med fermentering

Fermentering af linser og bønner	53
Sambol	55
Linsefarsbrød	57
Små linsepølser	59
Vadai	61
Sojabønnepostej	62
Krydrede pandekager	65

Sweets

Gulerodshalva	69
Ingefærkugler	70
Safransnack	71
Søde risboller	73
Kokoskonfekt	75
Hjemmelavede kokoschips	77
Sesam kugler	78
Osteboller i Sirup	79
Mælkesnitter	81
Hjemmelavet hytteost	82

Diverse

God Fest-te	84
Ingefær-te	85
Salte Lupiner	87
Sommerpunch	88

Brød, grød og ris

Glutenfri hirseboller

Ingredienser:

100 gr. hel hirse
25 gr. gær opløst i
1 dl. vand
100 gr. melblanding af:
majsmel, boghvedemel og rismel
1½ dl. vand
100 gr. groft revet gulerod
½ dl. olie
1½ tsk. salt
50 gr. solsikkefrø
50 gr. valnødder, hørfrø og sesamfrø

Tilberedning:

Hel hirse koges møre i ½ liter let saltet vand og afkøles.
Riv gulerødder groft og rist med lidt olie i en wok. Frø/nødder tilsættes og ristes med i et par minutter.
Opløs gæren i vandet.
Rør alle ingredienserne godt sammen.
Dejen skal være meget klæbrig.
Dejen formes og hæver på et lunt sted ½ time.
Bages ved 180 grader i 40-45 minutter.

Butterdejskuverter med fyld

Ingredienser:

1 pakke frosne butterdejsplader
1 mellemstor groft revet gulerod
1 dl. mælk
1 spsk. majsmel
2 spsk. sirup af palmesukker eller rørsukker
1 dl. kokosflager fint hakkede
10-15 groft hakkede cashewnødder
1 spsk. sesamolie

4 butterdejsplader tøs op i 20 minutter.

Tilberedning:

Varm olien i en wok og svits kokosmel og reven gulerod.
Svits majsmel med i olien, indtil det dufter. Tilsæt mælk, sukker og cashewnødder. Rør hele tiden helt ned i bunden af wokken, og svits indtil al væden er fordampet.
Skær butterdejspladerne diagonalt over så der bliver 8 trekanter.
Små skeer af fyldet placeres på midten af butterdejs trekanterne, og de spidse ender foldes hen over fyldet og limes sammen med lidt vand.
Læg dem med samlingen nedad på bagepladen.

Bag ved 220 grader i 20 minutter.

Dybstegt brød

Ingredienser:

100 gr. grahamsmel
100 gr. hvedemel
1 tsk. salt
vand
vegetabilsk olie til dybstegning

Tilberedning:

Tilsæt vand og ælt dejen blød og smidig.
Form 4 cm. store kugler af dejen og rul dem ud til 10 cm.
Dybsteg brødene et efter et.
Pres dem ned under olien med en hulske, så de puster sig op.
Lad dem få 5 min. på hver side.

Lad brødene ligge på et sugende underlag nogle minutter før servering.

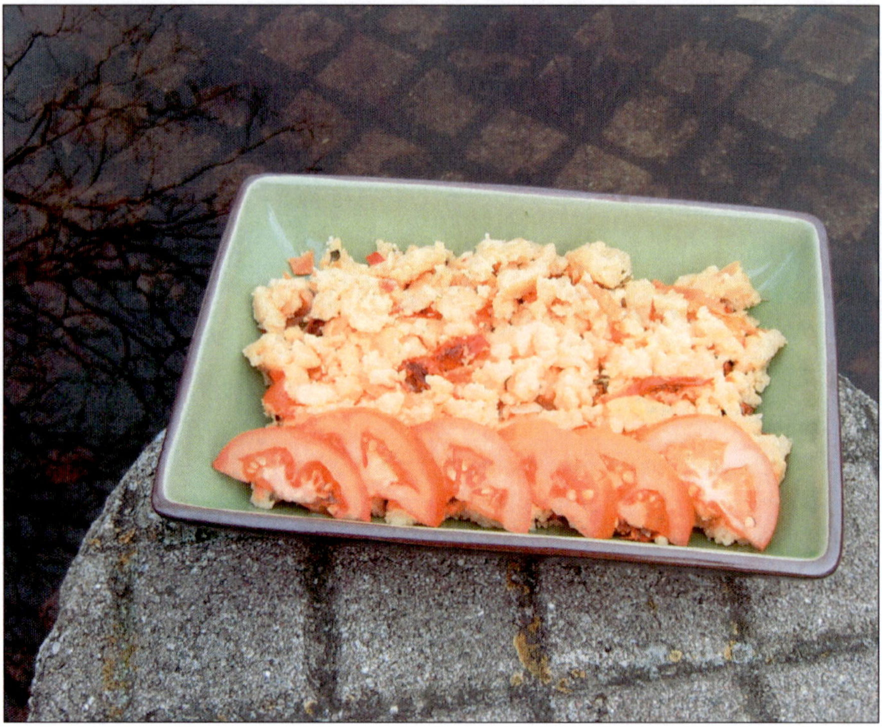

Upma

Prøv dette varme- og energigivende alternativ til havregrød eller cereals:

Ingredienser:

4 spsk. olie
1 tsk. sorte sennepsfrø
1 spsk. gule linser
1 tsk. revet ingefær(kan udelades)
1 løg(kan udelades)
1 stor tomat
1 lille finthakket gulerod
1 middelstærk rød chili Udkernet og snittet fint
½ dl. cashewnødder
1 spsk. karryblade
7 dl. vand
75 gr. semulje
1-2 tsk. salt

Tilberedning:

Opvarm olien i en kasserolle.
Tilsæt sennepsfrø og svits indtil de begynder at poppe.
Kom karryblade, revet ingefær, cashewnødder, fint skivet chili og løg i olien og svits i 5 min. for jævn varme.
Tilsæt tomat og svits i 1 min.
Vandet tilsættes og bringes i kog.
Skru ned for varmen.
Tilsæt nu semuljen under omrøring.
Smag til med salt.
Kog i 5 min.
Bliv ved med at røre i bund indtil en tyk, tør konsistens er opnået.

Serveres varm. I Sydindien traditionelt som morgenmad.

Makaroni med kokos

(Pittu)

Ingredienser:

70 gr. pizzamel
½ tsk. salt
1 dl. frisk revet kokosnød
ca. 1 dl. vand

Tilberedning:

Bland salt og halvdelen af melet i en røreskål.
Tilsæt alt vandet og rør med el-mikser/ piskeris dejen.
Tilsæt revet kokosnød og rør det ind i dejen.
Tilsæt resten af pizzamelet og rør kraftigt. Dejen skal danne små ærtstore kugler.
Rul og ælt evt. kuglerne i hånden.

De små melkugler koges i en trykkoger med 3 dl. vand i 4-5 min.
Eller:
Bring 2 l. vand i kog i en gryde. Læg pittu i vandet og kog dem 8 min.

Serveres til suppe, grøntsager eller grøn salat.

Tomatpandekager

(Cheela Tamota)

Ingredienser:
(4 stk.)

2-3 dl. vand
90 gr. kikærtemel (besan)
200 gr. tomater
frisk grøn chili efter smag
1 lille bundt koriander
1 tsk. sesamfrø
1 tsk. gurkemeje
2 tsk. rørsukker
1 tsk. salt
stødt chili efter smag
olie til stegning

Tilberedning:

Blend alle ingredienserne til en tyk pandekagedej.
Opvarm 2 tsk. olie på stegepande.
Kom ca. ¼ af dejen på panden og bag den lysebrun.
Dryp lidt olie ovenpå pandekagen.
Vend pandekagen og bag den færdig på den anden side.
Bag resten af dejen på samme måde.
Serveres med chutney, ketchup eller Russisk Salat.

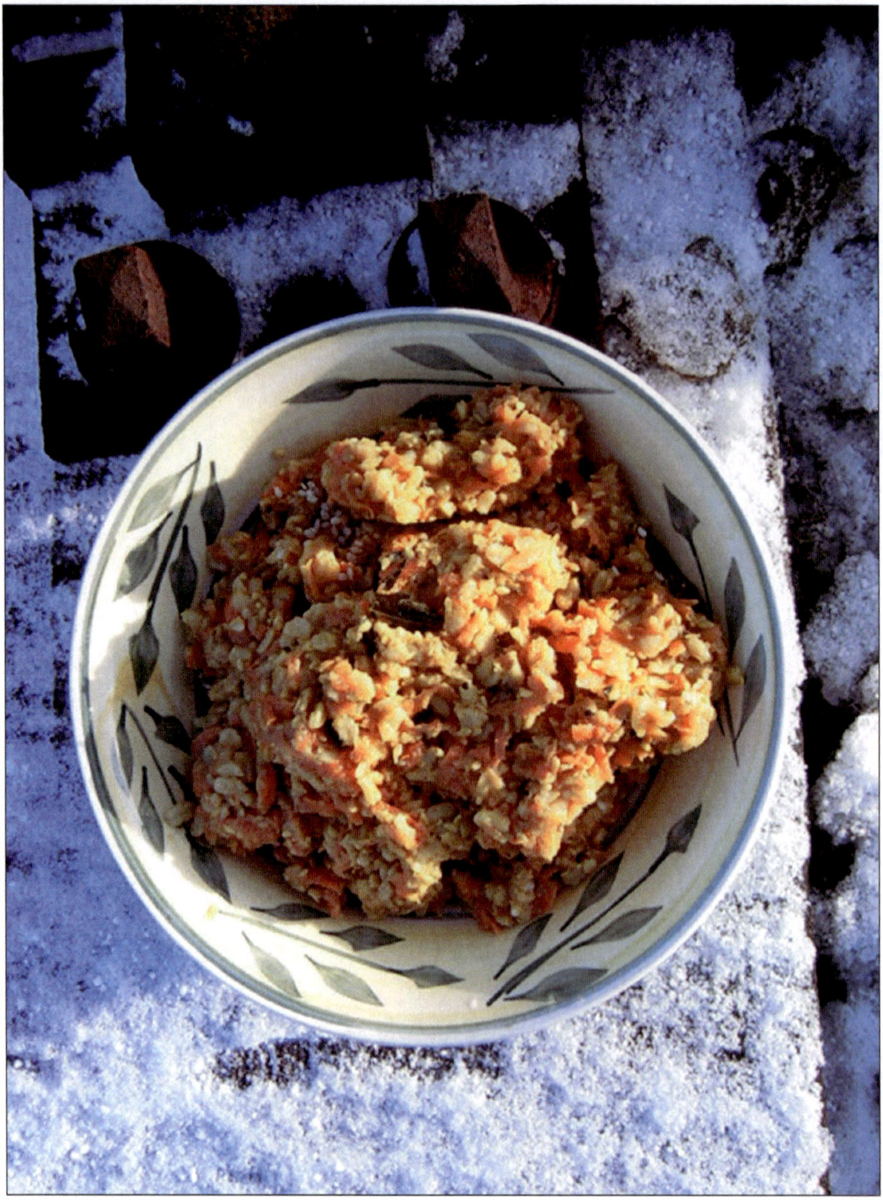

Sesamris

Ingredienser:

150 gr. brune ris
1 dl. sesamfrø
150 gr. revet gulerod
½ dl. sesamolie
1½ tsk. salt
1½ l. vand med 1 tsk. salt
1 spsk. gul karryblanding
½ tsk. chili

Tilberedning:

Skyl risen og kog dem møre i let saltet vand.
Hæld vandet fra.
Opvarm olien i en wok.
Tilsæt sesamfrø og svits underomrøring til de afgiver duft.
Tilføj de groft revne gulerødder og vend dem i olien.
Tilsæt slutteligt de kogte ris og svits risene med i 5 minutter.

Ashramris

Ingredienser:

150 gr. brune ris
1½ l. vand med 1 tsk. salt
¾ dl. gee
2 spsk. sesamfrø
1 dl. afskallede jordnødder
2 røde chili
½ dl. karryblade
1 spsk. sorte sennepsfrø
1 tsk. gurkemeje
2 bælge kardemomme

Tilberedning:

Skyl risene og kog dem møre i let saltet vand.
Opvarm lidt af olien i en wok.
Svits sorte sennepsfrø indtil de begynder at poppe.
Svits sesamfrø og jordnødder i et par minutter for middelvarme.
Tilsæt hele røde chili, kardemommebælge og karryblade.
Tilsæt ½ dl. vand, salt og gurkemeje.
Blanchér indtil al vandet er evaporeret.
Tilsæt nu resten af olien og ris.
Svits ved høj varme i nogle minutter.

Grøntsagsretter

Subodhinis grøntsagssuppe

Ingredienser:

2 spsk. smeltet smør
2 cm. revet ingefærrod (kan udelades)
1 fed hvidløg (kan udelades)
1 løg i skiver
1 spsk. hvedemel
2 dl. mælk
100 gr. blomkålsbuketter
100 gr. gulerødder
50 gr. skrællet og snittet rødbede
100 gr. snittet hvidkål
50 gr. grønne ærter
2 l. vand
1 tsk. salt
ost efter eget valg
peber

Tilberedning:

Smelt smør i tykbundet gryde.
Brun løg og evt. ingefær og hvidløg.
Tilsæt mel, og svits under omrøring indtil det dufter.
Tilsæt mælk og pisk kraftigt til den er jævnet.
Tilsæt alle grøntsagerne,
2 l vand og 1½ teske salt.
kog grøntsagerne ¾ møre.
Si suppen.
Blend grøntsagerne sammen med lidt koldt vand eller afkølet fond.
Kom de blendede grøntsager ned i suppen igen og tilsæt vand, til den ønskede konsistens er opnået.
Suppen bringes til kogepunktet og smages til med ost, salt og peber.

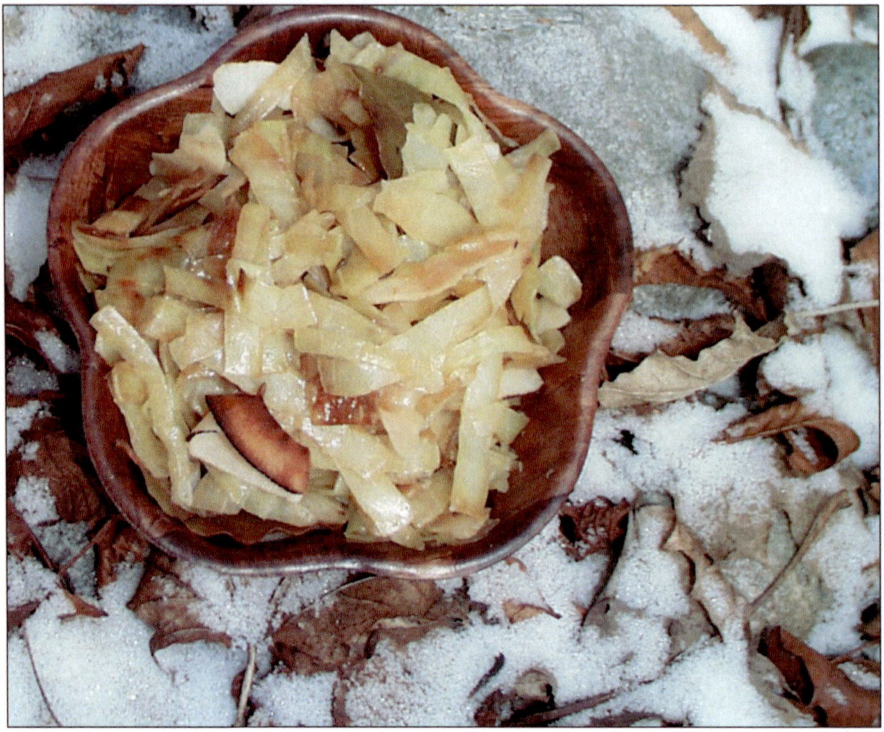

Hvidkål med Kokos.

Ingredienser:

1 spsk. olivenolie eller gee
1-2 røde chili skåret i tynde skiver
4-5 laurbærblade
1½ tsk. spidskommen
500 gr. snittet hvidkål
1-2 spsk. rørsukker
1 tsk. salt
2 dl. kokosflager

Tilberedning:

Chili, laurbærblade og spidskommen ristes i olien i en wok.
Skær hvidkålen i strimler og
svits under omrøring i olien i 5 minutter.
Tilsæt 2 dl. vand og skru ned for varmen.
Lad hvidkålen braisere ved svag varme
under låg i 20 min.
Skru op for blusset.
Tilsæt salt, sukker
og kokosflager.
Steg kålen tør og gylden under stadig omrøring.

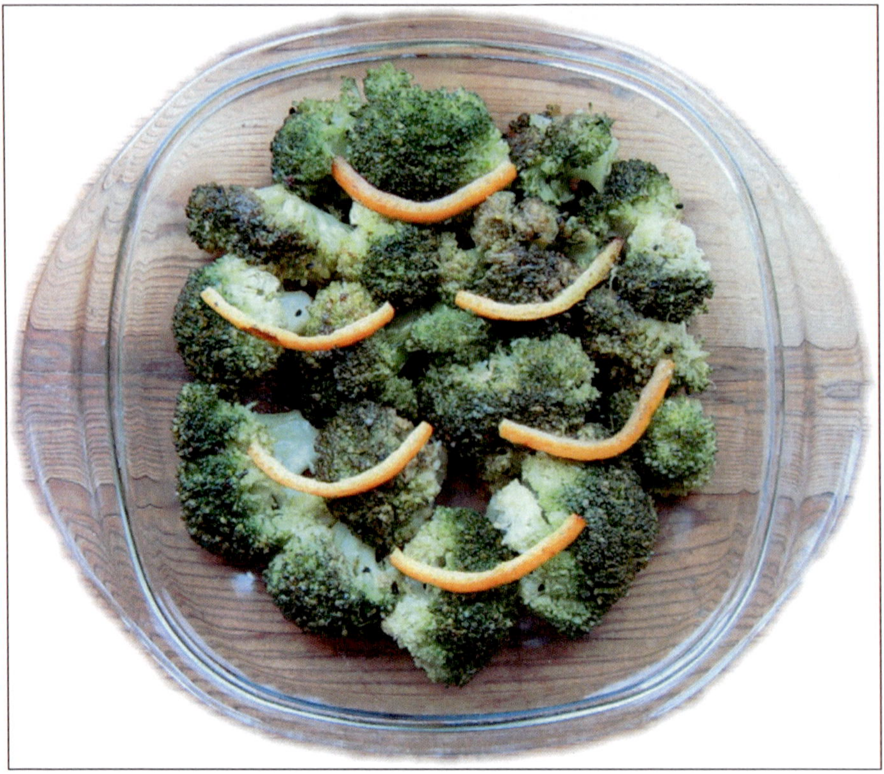

Grydestegt broccoli Orange

Ingredienser:

3-4 spsk. god olie
1 tsk. jomfru i det grønne
¼ appelsinskal strimlet
½ dl. appelsinsaft
1-2 broccoli i buketter
1 tsk. stødt peber
1 tsk. stødt karry
1 tsk. salt

Tilberedning:

Skyl og skær broccoli i buketter.
Opvarm olien i wok eller stegegryde og rist jomfru i det grønne og appelsinstrimler i nogle minutter.
Svits broccoli i nogle minutter i olien.
Skru ned for varmen, tilsæt 2d l. vand, salt og krydderier.
Braiser broccolien i 20 minutter under låg.
Skru op for varmen igen.
Steg uden låg til alt vand er evaporeret.
Anret og pynt med appelsinskal og et drys karry.
Sprinkl appelsinsaft over retten før servering.

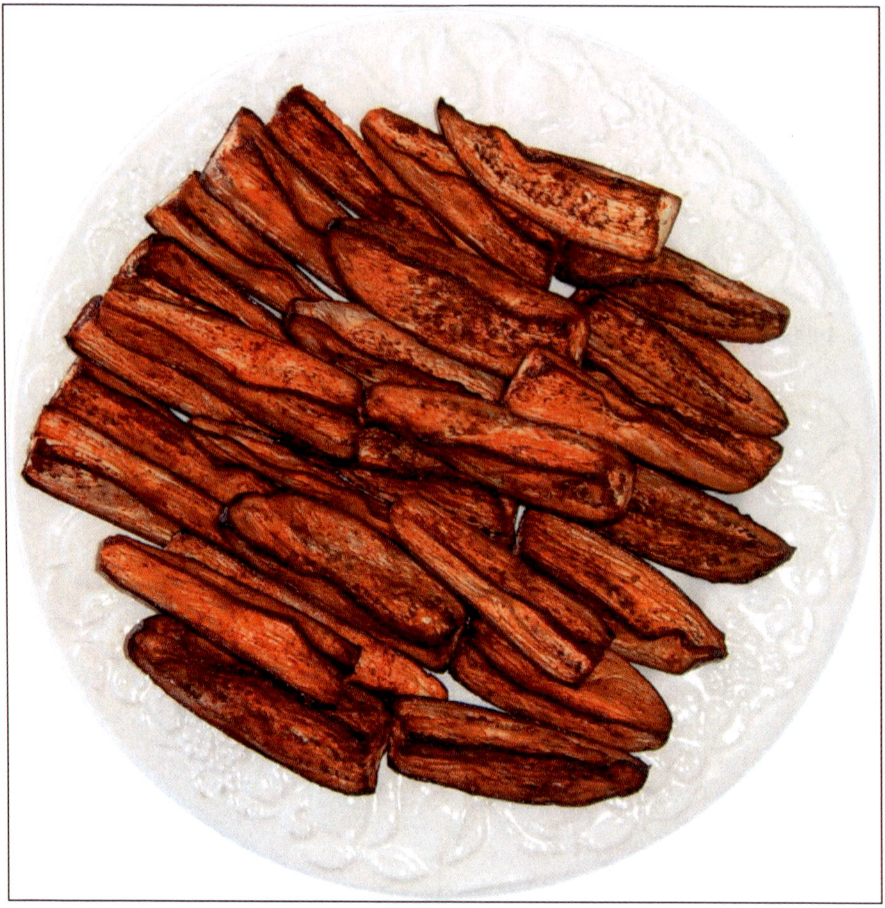

Ovnbagte auberginer

Ingredienser:

2 auberginer
3 spsk. sojasauce
3 spsk. olivenolie
2 tsk. paprika

Tilberedning:

Aubergine skrælles og skæres i både.
Stil auberginebådene på bagepapir/bradepande.
Pensl med sojasauce og olivenolie.
Drys gavmildt med rosenpaprika.

Bag ved 170 grader i 60 min.

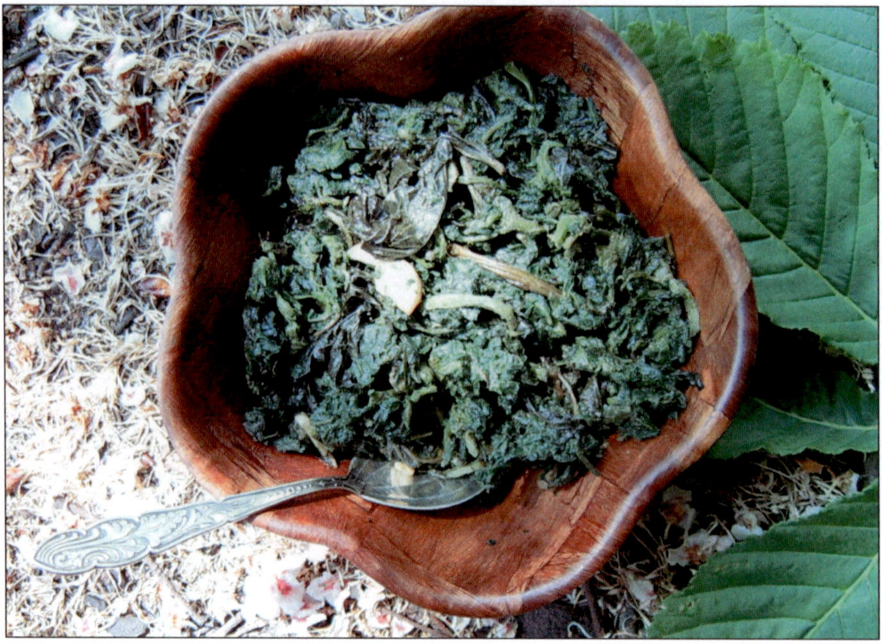

Spinat

Ingredienser:

*600 gr. frisk spinat
eller 450 gr. frossen spinat
2½ spsk. olivenolie
1 løg
1 fed hvidløg
30 gr. roquefort ost
2 spsk. flødeost
½ tsk. stødt chili
½ tsk. paprika*

Tilberedning:

Frisk spinat skylles, afdryppes og skæres i strimler.
Skær løget i små tern.
Hvidløg skæres i tynde skiver.
Opvarm olie i gryde og svits løg, hvidløg og krydderier, indtil løgene er blevet klare og bløde. Rør konstant for at krydderierne ikke skal brænde på.
Skru ned for varmen.
Kom spinat, frisk eller frossen, i gryden og rør indtil der har samlet sig væske i bunden af gryden. Tilsæt, om nødvendigt, en lille smule vand.
Spinaten skal nu koge i ca. 25 min. under låg.
Hold øje med at den langsomt koger tør. Rør rundt ind imellem. Tilsæt ost og steg yderligere 2 minutter under stadig omrøring.

Brug også denne opskrift med nye brændenældeskud.

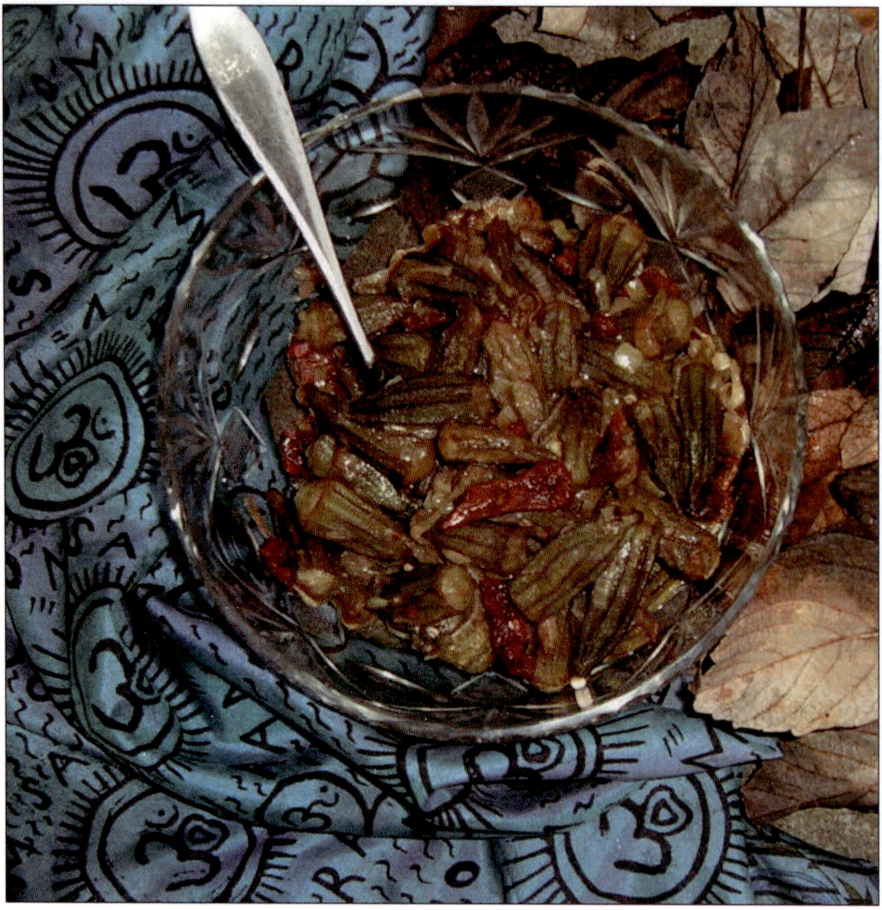

Okra med soltørrede tomater

Ingredienser:

½ dl. olivenolie
1 skiveskåret løg
1 hel rød chili
1 tsk. sennepsfrø
350 gr. okra
3 soltørrede tomater i strimler
1 tsk. salt
½ dl. vand
peber
1 tsk. Garam Masala

Tilberedning:

Opvarm olien i en wok og rist sennepsfrø og chili.
Svits løgene gyldne i olien.
Tilsæt okra og svits dem under høj varme i 5 min.
Tilsæt soltørrede tomater, salt og Garam Masala.
Tilsæt ½ dl. vand, skru ned for varmen og læg låg på.
Lad okraen simre for svag varme i 15 min.
Rør forsigtigt én gang undervejs.
Find den hele chili og kasser den.
Smag til med salt og peber.

Dybstegt chili

Vær ikke forbeholden overfor chili som kan købes i mange varianter.
Dem vi bruger i denne ret er de store, grønne, milde chilifrugter. Bed om at få lov til at smage på dem i butikken. De skal ikke brænde i munden, men dog have en stærk chilismag. Når de er tilberedt, mister de endnu mere styrke.

Ingredienser:

8-12 store grønne chilifrugter
75 gr. kikærtemel
1 tsk. gurkemejepulver
3 spsk. olivenolie
1 dl. vand
2 spsk. sojasauce
olie til dybstegning.

Tilberedning:

Chilierne skylles og hvis de er meget stærke, kan kernerne kasseres.
Tør dem i et rent viskestykke.
Chilierne skal **ikke** flækkes, og lad også stilken sidde på.
Olivenolie, vand og soja røres sammen med gurkemeje og kikærtemel i en passende skål.
Chilierne dyppes i dejen.
Sørg for at dejen dækker dem fuldstændigt.

Dybsteg i 10 min. ved middelvarme.

Auberginegryde

(Baigan Sambhar.)

Ingredienser:

½ kg. aubergine skåret i tern
1 lille kvist salvie
2 spsk. olivenolie
1-2 fed hvidløg
1 tsk. spidskommenfrø
1 tsk. sennepsfrø
evt. lidt vand til stegningen

Tilberedning:

Varm olien i en wok. Spidskommen og sennepsfrø ristes et par minutter i olien, hvorefter hvidløg tilsættes og steger i 3-4 minutter på middelvarme.
Aubergine skåret i tern tilsættes sammen med lidt vand, og efter en kort omrøring skal retten simre under låg i 10-15 minutter.
Tilsæt frisk salvie og lad den stege med i et par minutter.

Hokaido med soltørrede tomater

Ingredienser:

¾ **dl. olivenolie**
1 lille Hokaido græskar skåret i tern
1 stort løg
2 tsk. jomfru i det grønne
5 soltørrede tomater
stødt chili efter smag
½-1 tsk. salt

Tilberedning:

Opvarm olien i en wok og rist jomfru i det grønne, og evt. chili i nogle sek.
Skær løg i skiver og brun dem i olien.
Tilsæt Hokaido-tern og svits i nogle min. under omrøring
Skær soltørrede tomater i strimler og tilsæt dem.
Salt retten forsigtigt.
Husk at soltørrede tomater også indeholder megen salt.
Lad retten simre i 15-20 min. under tæt låg.
Kom evt. lidt vand ved undervejs, hvis det er nødvendigt.

Patéer

Artiskokpaté

Ingredienser:

50 gr. gule flækærter
200 gr. grønne linser
1½ tsk. stødt chili
1½ tsk. Garam Masala
4 artiskokker
2 fed hvidløg
3 spsk. Grøn Pesto
1 kartoffel groftrevet
3 spsk. olivenolie
2 spsk. rasp
50 gr. smør
1½ tsk. salt

Udblød gule flækærter i vand i 4 timer.
Blend dem herefter til en tyk creme med så lidt vand som muligt.
Skyl og kog grønne linser helt møre i 1 l. vand tilsat chili og Garam Masala.
Mos de grønne linser eller kør dem igennem en foodprocessor.

Klargøring af artiskokker:

Halver artiskokkerne og fjern evt. hår.
Riv hvidløg og kartoffel og bland med Pesto og 1 spsk. olie til fyld.
Fordel fyldet i artiskokkerne og læg dem på en bageplade med snitfladen nedad.
Bages i 1 time ved 180 gr.
Skrab nu med en sløv kniv det bløde, af indersiden, af hvert eneste blad.
Artiskokbundene skal anvendes hele.

Tilberedning:

Bland grønne linser, ærter, artiskok-fyld, artiskokpulp, rasp og 2 spsk. olie sammen til en fars.
Smag til med salt.
Kom farsen i en smurt form og bag den i 1 time ved 180 gr.

Smelt smør på panden.
Rist artiskokbundene med ½ tsk. salt i 5 min.
Garner patéen med de smørristede artiskokbunde.

Julepaté

Ingredienser:

200 gr. grønne linser
200 gr. aubergine
100 gr. hvidkål
10 hele kastanjer
10 hele valnødder
2 spsk. rasp
1 spsk. mangochutney
2 spsk. sennep
2 spsk. Tamari
2 fed hvidløg
1-2 chili
2 cm. fint revet ingefærrod
¾ dl. olivenolie
1 tsk. rosenpaprika
½ tsk. chili
½ tsk. spidskommen
½ tsk. gurkemeje
½ tsk. koriander
1 spsk. brun farin
salt

Tilberedning:
Linserne koges møre i 8 dl. vand tilsat salt, chili og gurkemeje.
Skær et kryds i hver kastanje, og lad dem bage i 20 minutter ved 160 gr. Pil skallen af kastanjerne. Lav en grov fars af linser, kastanjer, olie, rasp, valnødder, hvidkål og aubergine. Gem 3-4 valnødder. Smag til med resten af krydderierne, salt, chutney, sennep, brun farin, revet hvidløg og ingefær.
Hæld farsen i de ønskede forme, og pynt med halve valnødder.
Bages i 70 min. ved 180 gr.
Julemiddagsret, som serveres med rødkål, brune kartofler, hvide kartofler svampesovs og tyttebærgele.

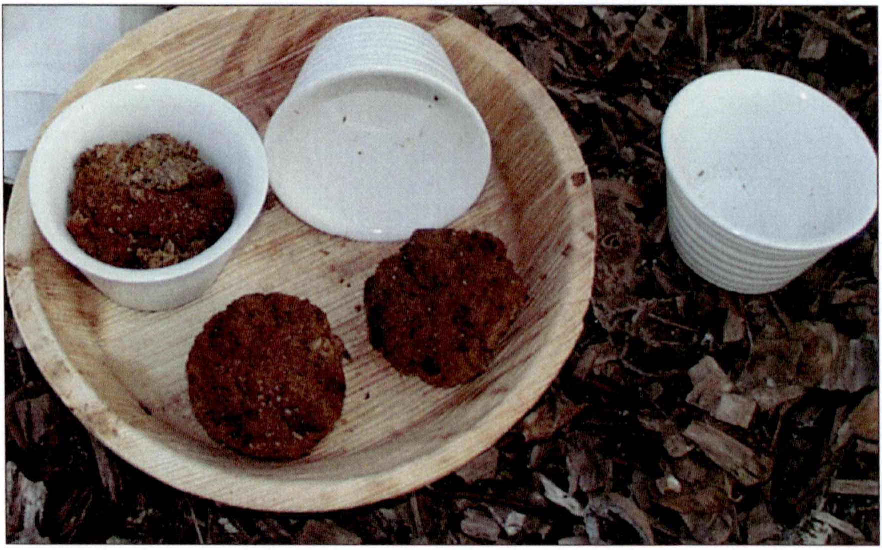

Svampepate med hvidløg

Ingredienser:

150 gr. hele grønne linser
4-5 laurbærblade
500 gr. svampe
200 gr. snittet hvidkål
½ dl. olivenolie
1-2 hele chili
15 gr. frisk revet ingefær
3 store fed hvidløg
30 gr. majsmel
2-3 spsk. citronsaft
30 gr. rasp
2 tsk. sukker
2½ tsk. salt
1½ tsk. gurkemeje
2 tsk. paprika
lidt smør til klargøring af linseform og til blanchering af kål og svampe

Tilberedning:

Linserne udblødes 2½ time, skylles, kommes i en gryde med ½ l. let saltet vand tilsat laurbærblade, og koges helt møre. (Kogetiden varierer, men regn med 1 time)
Svampene, gerne østershatte eller markchampignon svitses, på tør pande.
Når alt vandet er fordampet, tilsættes smør eller olie, og svampene steges i et par minutter i fedtstoffet.
Tag en kop svampe og sæt den til side til garnering.
Rist den snittede kål i olie eller smør, og riv ingefæren og hvidløget fint.
Linserne, svampene, kål, chili og rasp køres igennem en foodprocessor.
Rør farsen godt sammen med sukker, mel, krydderier, citronsaft, ingefær og hvidløg.

Smag til med salt.

Linseform eller ovnfaste fade smøres med smør, drysses med rasp og linsefarsen fordeles i formene.

Patéerne bages i 60 min. på 180 grader.

Opvarm ¼ dl. fløde med 2 spsk. vand og de resterende svampe. Kog op og rør, indtil fløden bliver tykkere igen.

Flødesovsen med svampene hældes over svampepatéen lige før den skal spises.

Frikadeller og pizza

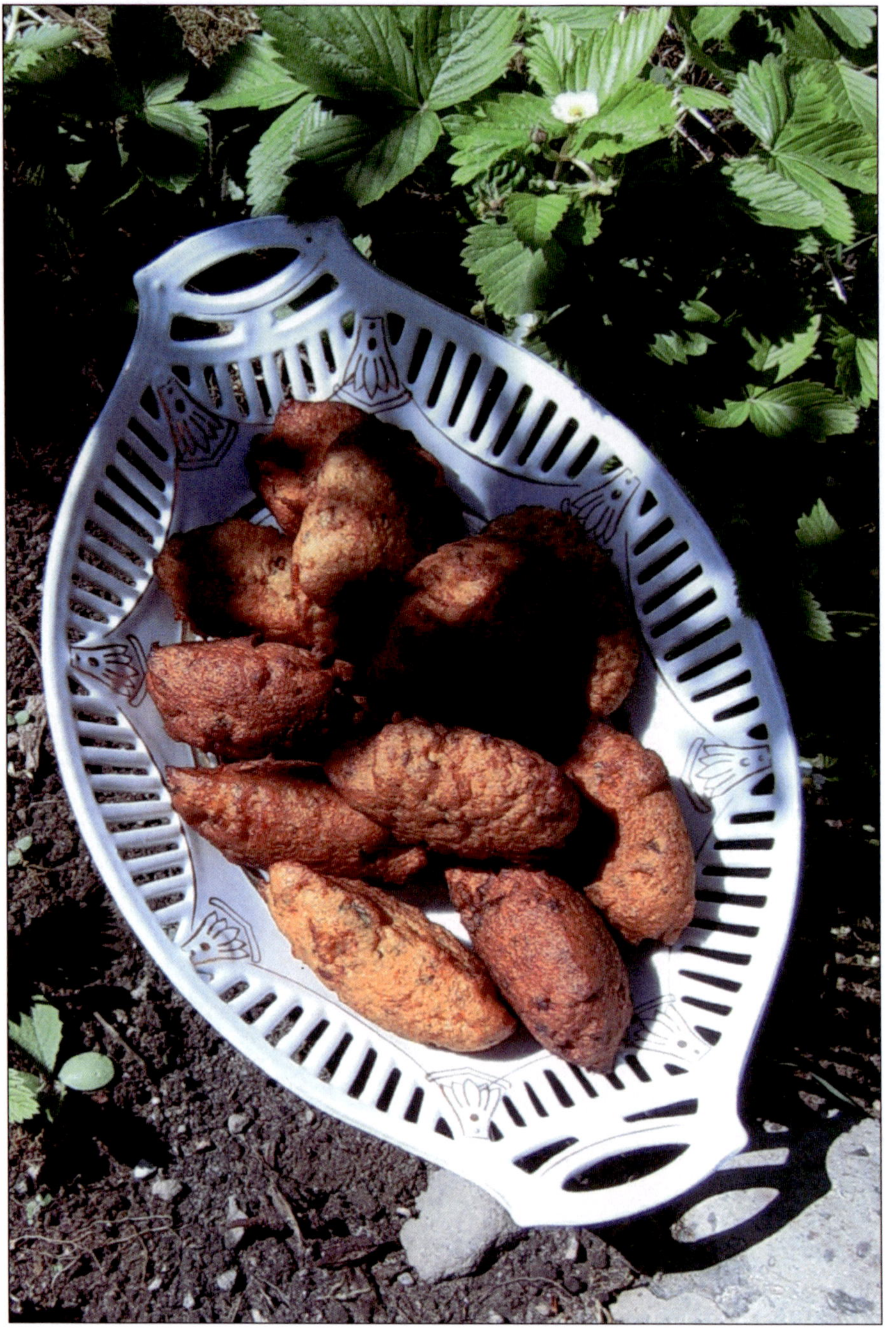

Linsefrikadeller

(Bajia Dal Channa)

Ingredienser:

200 gr. gule linser
½ tsk. ristet stødt spidskommenfrø
½ tsk. ristet, stødt anisfrø
1 -2 grønne chili
1 stor tomat
1 løg
½ dl. hakket frisk koriander
½ tsk. asefoedita (kan udelades)
½ tsk. natron (kan udelades)
1-1½ tsk. salt
Olie til dybstegning

Tilberedning:

Udblød linserne ca. 3-4 t.
Rist spidskommenfrø og anisfrø på en tør pande, til de begynder at dufte.
Hæld vandet fra linserne og kør dem gennem en køkkenkværn et par gange.
Tilsæt resten af ingredienserne og kør det hele gennem køkkenkværnen.
Reguler farsen med lidt rasp, så den får konsistens.
Opvarm olie til dybstegning.
Form små boller af linsecremen med to skeer og dybsteg.
Disse frikadeller kan anvendes i suppe.

Linsefrikadeller II

Disse frikadeller kan laves af rester af linsefrikadeller eller med linser, som er blevet tørristet i wok.

Ingredienser:

½ *portion linsefrikadeller I*
eller:
100 gr. gule linser udblødt i 3-4 t.
1 løg
1 tomat
100 gr. squash
2 grønne chili (milde)
1 fed hvidløg
3 spsk. olivenolie
30 gr. sojagranulat
2 dl. kogende vand
1-2 spsk. rasp
½ tsk. Garam Masala
½ tsk. chili
1 tsk. paprika
½ tsk. asefoedita
1-1½ tsk. salt

Tilberedning:

Hæld kogende vand over sojagranulatet.
Lad det trække i 20 min. og pres derefter overskydende vand ud.
Opvarm 3 spsk. olie i en kasserolle.
Tilsæt sojagranulat og svits det i 5 min. ved høj varme.
Dræn gule linser og tørrist dem indtil de dufter.

Kør alle ingredienserne gennem køkkenkværn. Slut af med rasp.
Smag frikadellefarsen til med salt.

Reguler med mælk eller mel, hvis farsen er enten for stiv eller for flydende.
Steg frikadellerne på panden 7-8 min. på hver side.
Serveres med grøn salat og kartoffelmos.

Falafel

Ingredienser:

150 gr. gule flækærter
1 løg
2 cm. frisk revet ingefærrod
1 rød chili
1 tsk. gurkemeje
1 tsk. Garam Masala
1 bundt frisk hakket koriander
1 tsk. spidskommen
1 håndfuld cashewnødder
1½ tsk. salt
evt. 2 spsk. revet kokosnød
olie til dybstegning

Tilberedning:

Udblød de gule flækærter i 4-5 timer.
Blend til en tyk creme med så lidt vand som muligt.

Snit løg og chili fint og rør sammen med resten af ingredienserne til en fars.
Opvarm olien og dybsteg små boller af farsen.

Pizza

2 små.

Pizzabund ingredienser:

2 dl. pizzamel
1 tsk. salt
3 spsk. olivenolie

Fyld ingredienser:

3-4 tomater i skiver
1 ds. tomatpuré
2 fed hvidløg
frisk basilikum
tørret eller frisk oregano
1 tsk. salt
1 spsk. olivenolie
100 gr. Sojabønnepostej
eller Svampepaté med hvidløg
100 gr. ost, gerne cheddar

Tilberedning:

Rør mel, olie og salt sammen i en skål.
Tilsæt vand så dejen bliver fast og smidig.
Ælt dejen i 10 minutter. Del den i to.
Udrul de to pizzabunde med kagerulle og pensl dem med olie på begge sider.
Opvarm 3 spsk. olie i en kasserolle.
Svits hvidløg i nogle minutter. Den må ikke blive branket.
Tilsæt tomater, salt og basilikum.
Lad tomatsovsen koge ind til den fylder det halve.
Smør nu den kraftige tomatsovs i et tykt lag på pizzabundene.

Læg skiftevis tomaterne og stykker af hvidløgspaté så det dækker, og drys revet ost og oregano på.
Buk kanterne op om fyldet hele vejen rundt.
Bag i 20 min. ved høj varme.

Retter med fermentering

Sorte Mung-
bønner
Gule
linser
Hirse
Røde Mung-
bønner
Lupinfrø
Kikærtemel
(besan)
Grønne linser
Hvide linser
Soyabønner
Grønne Mung
bønner
Røde linser
Gule Mung

Fermentering af linser og bønner

Der findes et væld af forskellige typer linser og bønner. De tyrkiske, indiske, thailandske og iranske grønthandleres hylder bugner af dem. De findes i alle former og farver og hver eneste slags får sin helt egen spændende smag efter fermentering og efterfølgende tilberedning.

Fermentering betyder gæring. Ved at fermentere de rå, blendede linser eller bønner, opnår man at ændre proteinkæderne i linserne eller bønnerne, så de kommer til at ligne proteinkæderne i vores egen krop og i de ikke-vegetariske fødevarer såsom æg, fisk og kød.

Fermenteringen varer fra ½- 1 døgn. Der bruges vand til fermentering. Intet andet. Fermentering har været kendt og anvendt i Indien i årtusinder, hvor man fermenterer bønner og linser for at opnå en bedre holdbarhed. På grund af varmen, har det været nødvendigt at syrne maden for at skabe et forsvar mod andre, farligere bakterier. At linser og bønner gennem fermenteringen også kommer til at smage i retning af animalske produkter, ved kun den, som har et sammenligningsgrundlag. Under fermenteringen udvikles der gasser, som lugter mindre godt. Dette er normalt, og gaslugten kommer ikke i berøring med linse/bønne cremen, men forsvinder fuldstændig i forbindelse med tilberedningen. Lugten opstår som følge af den spaltning af proteinerne, som giver den gode smag, og som også bevirker, at bønnerne eller linserne bliver langt nemmere at fordøje.

Generel fremgangsmåde.

For at fermenteringen kan lykkes hver gang, må man følge disse regler:

Overhold nogle renlighedsprincipper

Brug sterile redskaber og beholdere til fermenteringen. Hvis der også bliver tilberedt ikke-vegetariske retter i køkkenet, må og skal alle redskaber og skåle skoldes grundigt i kogende vand før brug til fermentering.

Udblødning

Udblødningstiden varierer fra 3-4 timer til 10 timer. Når kornene let kan tygges og er sprøde og vandfyldte, er de klar til at blive blendet.

Kogning af linser og bønner

Kogetiden varierer alt efter hvilken slags bønner man anvender og står ofte anført på pakken, men som en hovedregel må kogningen ikke afbrydes undervejs, da bønnerne så ikke kan blive møre. Det gælder især mungbønner, sojabønner, sortøjede bønner og hvide bønner. Der koges uden salt, for at opnå en så høj temperatur som muligt.

Blend linserne/bønnerne/risen til en fin og glat creme.

Det er af største vigtighed, for at fermenteringen kan blive vellykket, at linse/bønne-cremen er så tyk som muligt. Det skal altså tilstræbes at anvende så lidt vand som overhovedet muligt, når man blender.
Lad cremen blive blendet fuldstændig jævn og uden små korn.

Fermenter ved 25C-35C grader.

Hold øje med, om det der er under fermentering, hæver. Hævning indikerer at fermenteringen er godt i gang. Når det er hævet godt op, kan det kontrolleres. Duft til det fermenterede. Det skal dufte meget specielt, før det er parat til at blive viderebehandlet. Jo mere det lugter før tilberedningen, des bedre bliver smagen af det færdige produkt. Her gælder det erfaring.

Sambol

Ingredienser:

¼ frisk revet kokosnød
1-2 grønne chili
1 salatløg
1 tsk. salt
1 spsk. limejuice

Tilberedning:

Alle ingredienserne blendes med lidt
vand og Sambol'en en klar.
Anvendes som dip til bl.a. Dosai og Vadai.

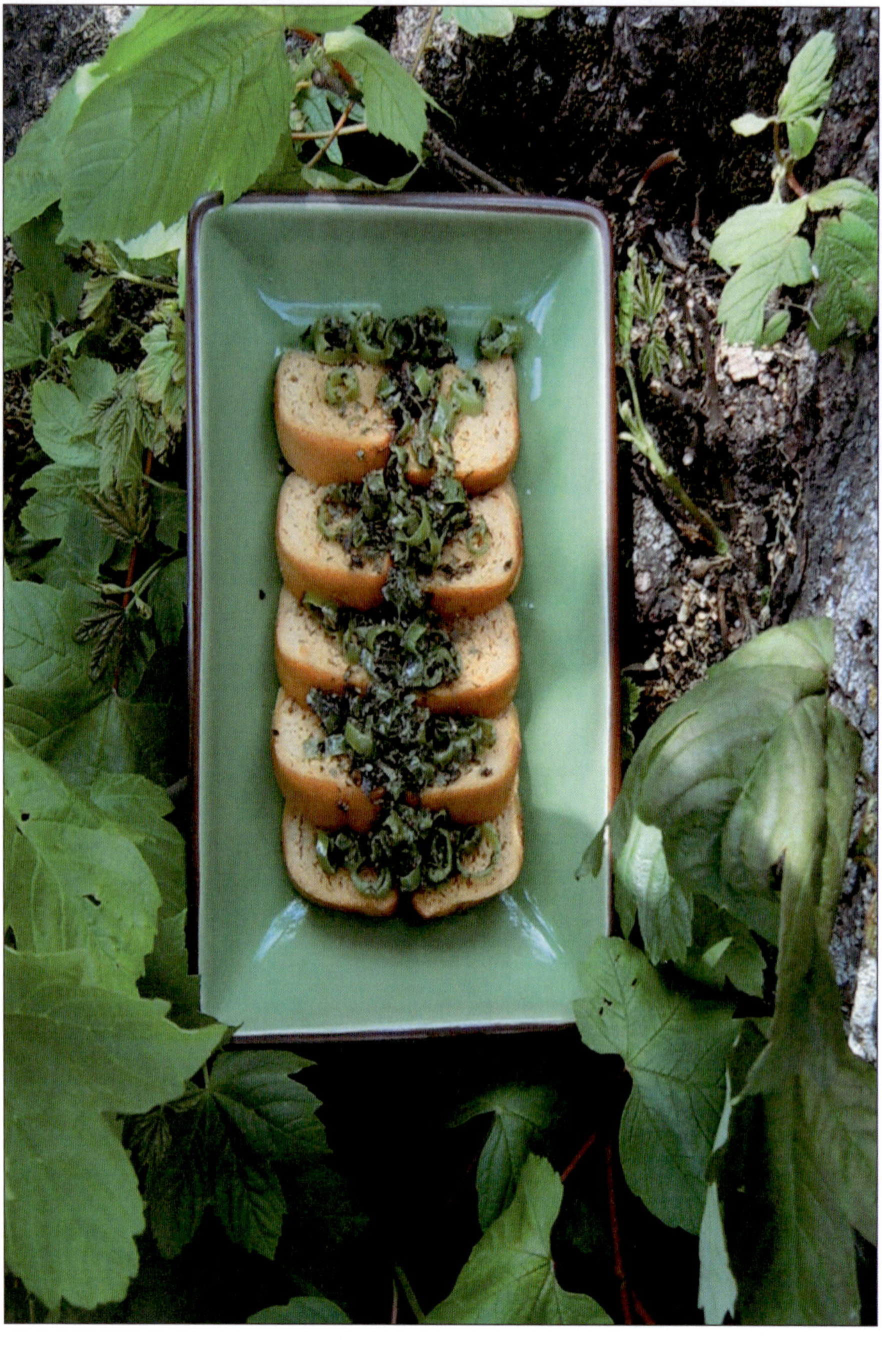

Linsefarsbrød

(Dhokla)

Ingredienser:

200 gr. flækkede gule mungbønner
2-3 dl. vand (eller valle fra hytteost fremstilling)
½ tsk. dyvelsdræk
1 tsk. salt
1 tsk. natron(kan udelades)

Drys ingredienser:
3 spsk. olie
2 tsk. sorte sennepsfrø
½ tsk. dyvelsdræk
1-2 grønne chilifrugter
1 dl. friskhakkede korianderblade

Fermentering:
Flækkede (gule) mungbønner udblødes i vand i 3-4 timer og blendes, med så lidt væde som muligt, til en tyk creme. Placeres lunt. (22 og 28 gr. C.)
Bønnerne skal fermentere ca. ½ døgn.
Tilberedning:
Smør formen der skal anvendes.
Opvarm ovnen til 180 gr.
Rør bønnefarsen med salt og natron, og hæld den i formen.
Bages i 60 minutter ved 180 gr.
Drys:
Opvarm olien på en stegepande.
Rist sennepsfrø i olien indtil de begynder at poppe.
Tilsæt tynde skiver af grøn chili og steg dem møre ved middelvarme. Vend dem engang imellem. De friske korianderblade steger med det sidste minut under omrøring.
Skær den afkølede dhokla i skiver og pynt med drysset.

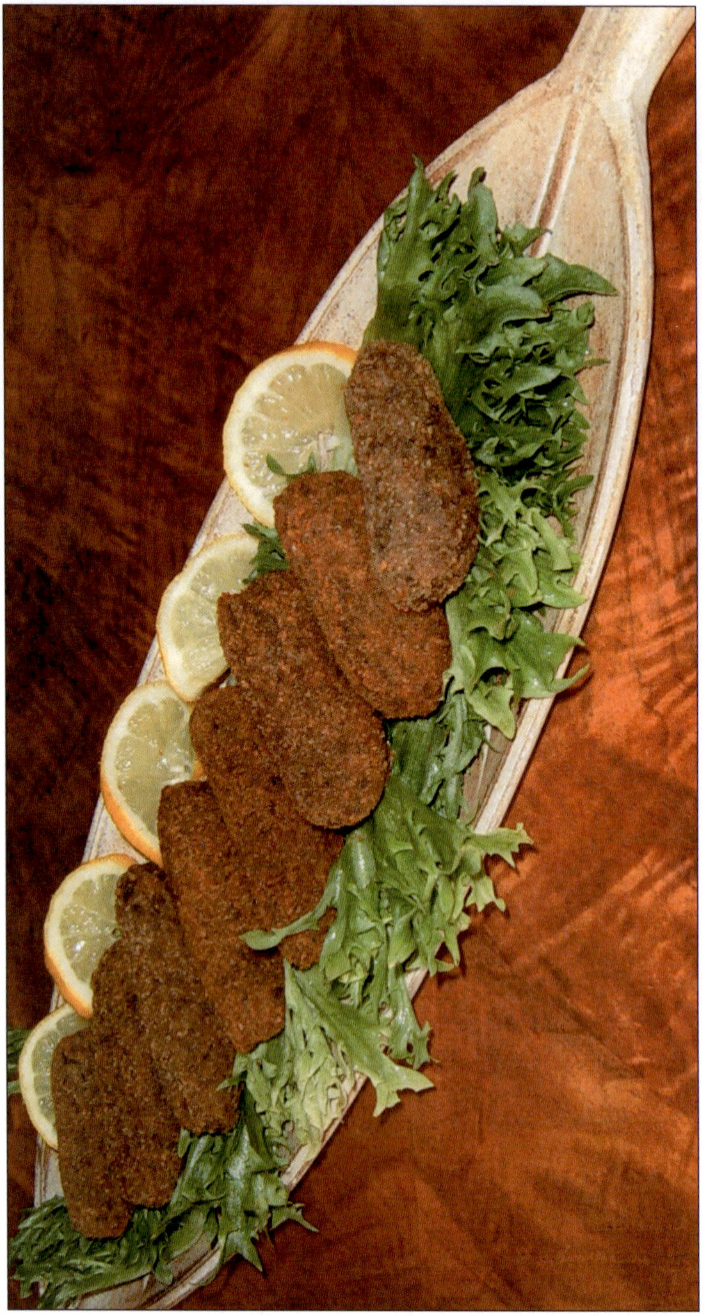

Små linsepølser

Ingredienser:

**200 gr. sorte bønner (Hvide linser kan også anvendes.)
50 gr. ris
35 gr. majsmel
2 spsk. olivenolie
1-2 chili skåret i tynde strimler
2 dl. frisk koriander
2 tsk. salt
1 tsk. asefoedita(kan udelades)
olie til dybstegning
rasp og kikærtemel til panering**

Kogning og fermentering:
Udblød risen i vand i 3-4 timer. Blend med så lidt vand som muligt.
Kog linserne møre i 1 l. usaltet vand. Pas på at gryden ikke går af kog. (kogetid: 1 t.)
Eventuel restvæde efter kogningen hældes fra.
Kør linserne igennem en køkkenkværn.
Rør en tyk fars af linsemosen, majsmel og rispuré. Sæt farsen til fermentering på et lunt underlag.
Fermenteringstid: ¾-1 døgn.
Når linsefarsen er hævet op til dobbelt størrelse, og dufter meget fermenteret, hvilket vil ske efter 18-24 timer, er den klar.
Tilberedning:
Snit chili og koriander fint.
Tilsæt dem til linsefarsen og smag til med krydderier, olie og 1-1½ tsk. salt.
Olie til dybstegning opvarmes.
Fyld imens linsefarsen i en frysepose og bind posen til foroven.
Klip 3 cm. af et hjørne forneden på posen.
Nu kan der presses en "pølse" ud, som klippes af i 6- 7 cm. lange stykker.
Linsepølserne rulles i lidt kikærtemel eller rasp og friturefisteges 6-7 min., til de bliver fint lysebrune.

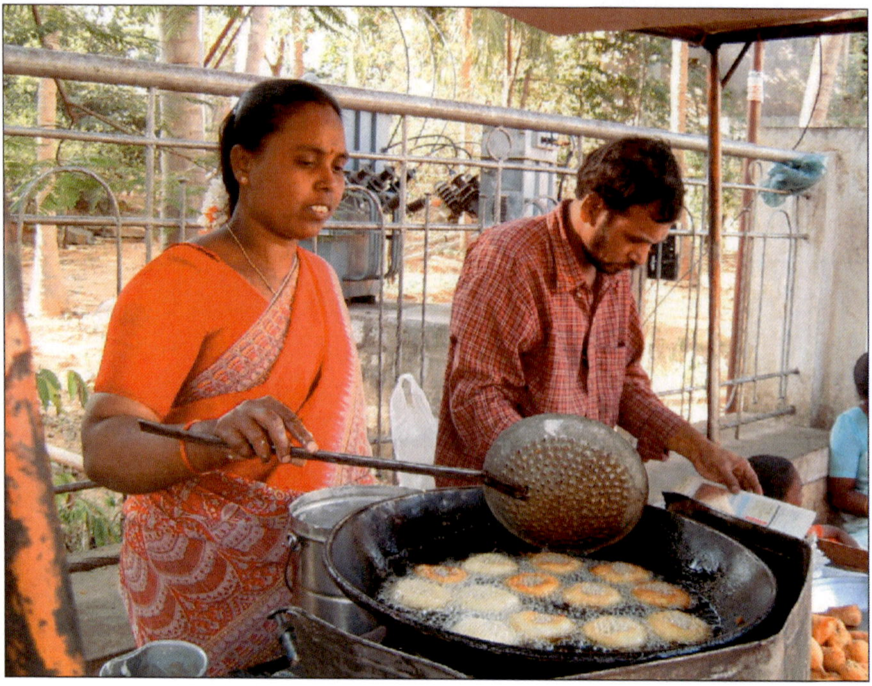

Vadai

Ingredienser:

200 gr. hvide linser
1-2 chilifrugter
et stort bundt frisk koriander
1 tsk. salt
olie til friturestegning

Fermentering:

Linserne udblødes i vand i 3 timer
Blendes med så lidt vand som muligt til en tyk creme.
Linsedejen fermenteres i 8-12 timer ved 30 gr.

Tilberedning:

Skær chili i tynde strimler og rør dem i linsefarsen sammen med hakket frisk koriander og salt.
Opvarm olie til friturestegning.
Sæt dejen i olien med ske og dybsteg Vadais ved middel varme.
Serveres traditionelt med Sambol.

Sojabønnepostej

Ingredienser:

150 gr. sojabønner
10 gr. frisk ingefær
1-2 fed hvidløg
1 stort løg
50 gr. usaltede jordnødder
1-2 spsk. Tamari
2 spsk. rød Pesto
1-2 spsk. rødvin
1 spsk. mild sennep
1 tsk. lys farin
½ dl. olivenolie
1 stor spsk. rasp
2 spsk. hvedemel
1 tsk. paprika
½ tsk. ristet spidskommen
¼ tsk. stødt spidskommen
½ tsk. sort peber
1 tsk. salt

Fermentering:

150 gr. sojabønner udblødes i vand natten over.
Blend bønnerne, med så lidt vand som muligt, til en tyk pasta.
Kom pastaen i en skål og lad den fermentere mindst 8 timer.

Tilberedning:

Mal nødderne til mel.
Riv ingefær og hvidløg fint.
Hak løget fint.
Bland alle ingredienserne sammen.

Smør en form med smør og drys fint hakkede nødder og rasp indvendigt i formen, før sojapostejen kommes i.
Bag postejen i fem kvarter ved 170 gader.

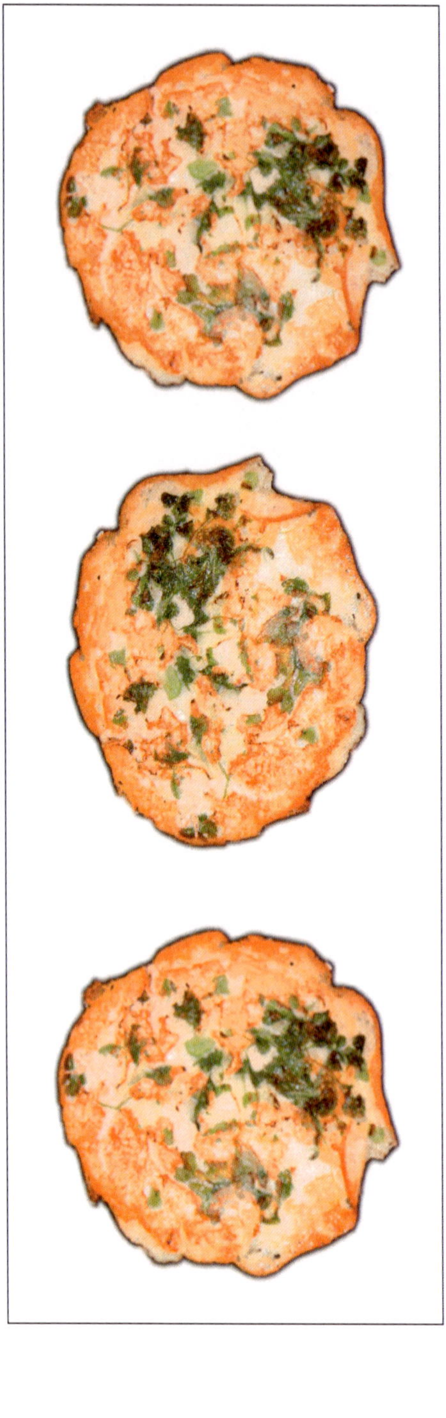

Krydrede pandekager

(Dosai)

Ingredienser:

50 gr. hvide linser
50 gr. hvide ris
1 spsk. sesamfrø

Til drys:

1 løg i skiver
1-2 grønne chili, finthakket
1 stort bundt frisk koriander

Dosabageren i aktion

Fermentering:

Skyl og udblød de hvide linser, sesamfrø og ris i 3-4 timer.
Blend med så lidt vand som muligt til en tyk creme.
Fermenter i mindst 8 timer ved 30 grader.
Tilsæt mere vand til linse/ris cremen og rør forsigtigt rundt. Konsistensen skal være som en ret tyk, men let og luftig pandekagedej.

Tilberedning:

Opvarm en spsk. gee på en pande.
Sæt med en øseske dej i et ½ cm. tykt lag.
Strø et par skefulde af de snittede løg, chili og koriander på, medens dejen stadig er flydende.

Dryp også lidt olie på.
Vend pandekagen og bag den færdig på den
anden side.
Gentag indtil al dejen er brugt op.
Serveres med Sambol
eller Chutney.

Sweets

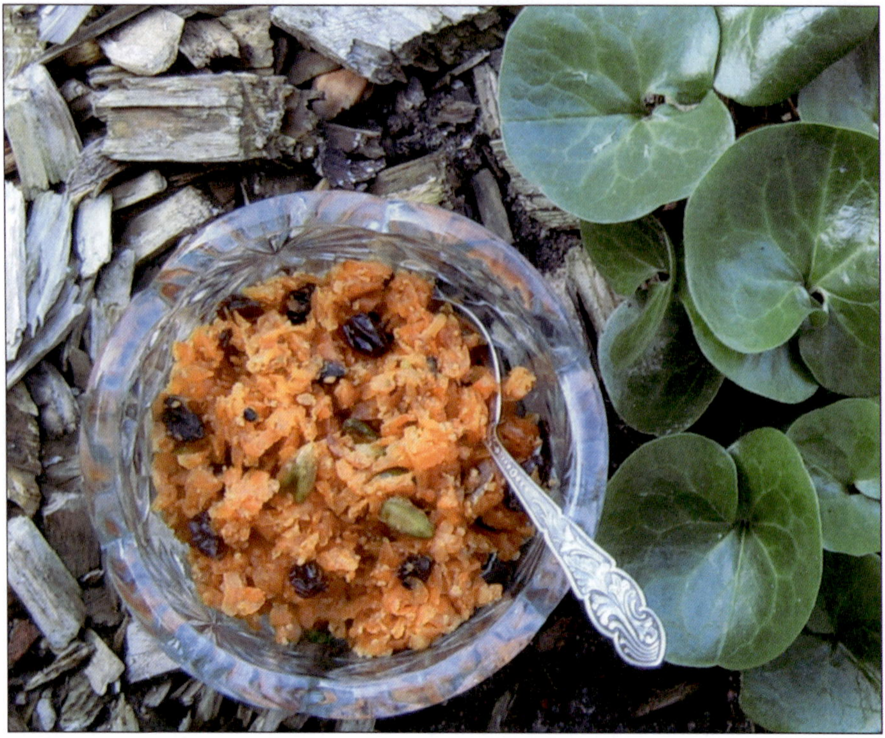

Gulerodshalva

(Gajar halwa)

Ingredienser:

6 dl. mælk
225 gr. groft revet gulerod
indhold af 2 kardemommebælge
100 gr. sukker, gerne lys rørsukker
25 gr. gee
hakkede pistacienødder
evt. rosiner (en lille håndfuld)

Tilberedning:

Mælk, sukker, kardemomme og gulerødder bringes i kog under omrøring.
Kog under hyppig omrøring, så mælken ikke brænder på, indtil al væden er fordampet.
Opvarm gee i en wok og rist Pistacienødder og rosiner.
Svits gulerodskonfekten tør og mørkorange.

Ingefærkugler

Ingredienser:

100 gr. kikærter udblødt i vand natten over.
75 gr. sukker
40 gr. smør
3 cm. revet ingefærrod.
¼ tsk. stødt chili

Tilberedning:

kog kikærterne helt møre i ½ liter vand, og blend.
Smelt sukker, smør i en gryde.
Rist revet ingefær i et par min.
Kom de blendede kikærter i, og steg i 2-3 minutter under omrøring.
Sluk for varmen.
Tilsæt chilipulver og rør det ind konfektmassen.
Form med hænderne 4 cm. store kugler.

Safransnack

(Boondi Laddu)

For at lave "ærter" af kikærtemel, er en boondi-pande *nødvendig. En boondi-pande er en fladbundet skål af rustfrit stål, hvor der er en masse huller i bunden på ca. 3 mm. I diameter, med ca. 1½ cm mellemrum. Ideen med det er, at dejen skal øses op på denne boondi-pande, lidt ad gangen, mens den holdes hen over den hede olie. Dejen drypper ned i olien, og på den måde kan man få de ærtestore kugler af kikærtedej, man skal bruge til denne snack.*
Man kan ikke få boondi-pander i Danmark, men en stor hulske kan også anvendes. En anden hulske skal man bruge når man skal fiske ærterne *op af olien.*

Ingredienser:

200 gr. kikærtemel
1½ tsk. bagepulver
vand
olie til dybstegning
sirup af 200 gr. sukker og 2 dl. vand
4 kardemommebælge
½ tsk. safran

Tilberedning:

Begynd med at opvarme sukker og vand til en tyk sirup.
Tilsæt knust kardemomme og safran.
Siruppen skal koge i ca. 10 min. Når den kan bestå vandprøven* er den færdig.
Kikærtemel og bagepulver sigtes sammen og tilsættes så meget vand, at der kan røres en tyk dej af konsistens som yoghurt.
Olien opvarmes i en wok.
En smule af kikærtedejen hældes ned i den varme olie gennem en hulske eller lignende, så dejen drypper ned i olien.

Steg ærterne i ½ minut, før de igen fiskes op af olien. De skal helst beholde en lysegul farve. Steg således indtil al dejen er brugt op.
Siruppen opvarmes til omkring 60 gr. men tages så af varmen igen.
Hæld alle ærterne i siruppen og rør rundt i 2 min., indtil al sirup er opsuget af ærterne.
Kom lidt olie på hænderne og form 4 cm. store kugler, mens konfektmassen stadig er varm.

*vandprøven: en dråbe af den hede sirup dryppes i et glas vand. Flyder dråben ud, er siruppen *ikke* færdigkogt.

Søde risboller

(Chakkara Pongal)

Ingredienser:

75 gr. ris
75 gr. gule mungbønner
½ dl. gee
90 gr. palmesukker
1 tsk. kardemommefrø
10 gr. rosiner
10 gr. cashew nødder
muskatnød
2 dl. sødmælk
2 dl. vand

Tilberedning:

Skyl ris og linser, og kog dem møre i vand og mælk.
Tilsæt knust palmesukker, og kog det med i de sidste minutter.
Varm gee i en wok, rist cashewnødder og rosiner i et par minutter.
Tilsæt ris og linser.
Svits under omrøring i 1 minut.
Tilsæt knuste kardemommefrø og reven muskat.
Form med et par skeer de varme **Pongals** og server dem varme.

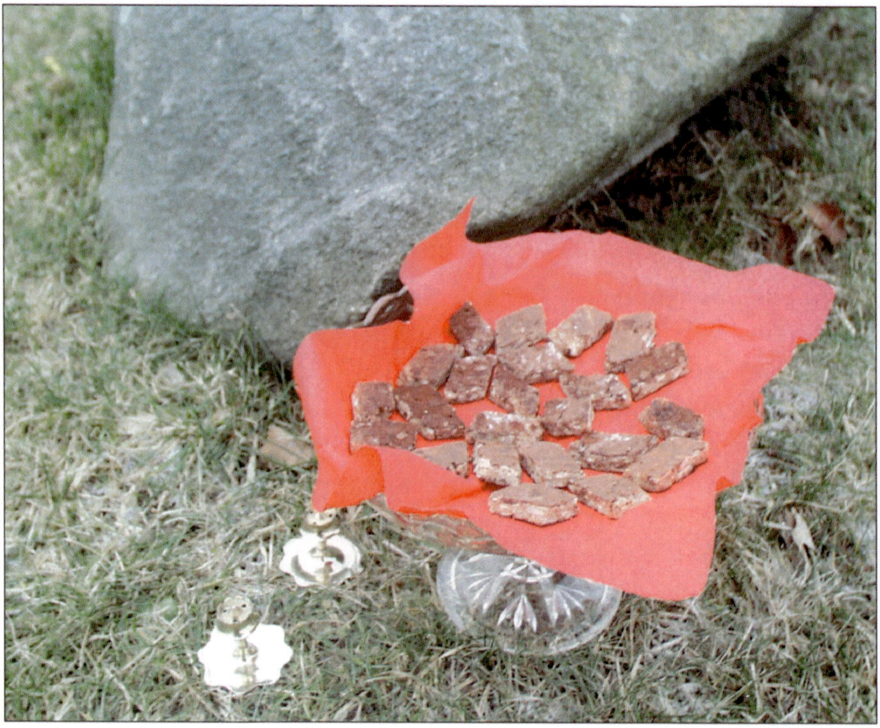

Kokoskonfekt

Ingredienser:

20 gr. smør
½ frisk revet kokosnød
½ dl. kokosvand eller vand
100 gr. druesukker
hel kardemomme
overtrækschokolade

Smelt smør i en kasserolle.
Rist hel kardemomme i smørret i nogle sekunder.
Tilsæt kokosvand, revet kokosnød og druesukker.
Kog konfekten ved svag til middel varme.
Rør i bund hele tiden indtil al væden er fordampet. Det varer ca. 15 min.
Når konfektmassen er helt samlet i en kugle placeres den mellem 2 stykker bagepapir og presses flad til den ønskede tykkelse mellem to skærebrætter.
Afkøles.
Smelt overtrækschokolade og pensl et fint lag chokolade på hver side af konfektpladen.
Skær pladen i firkanter eller romber.

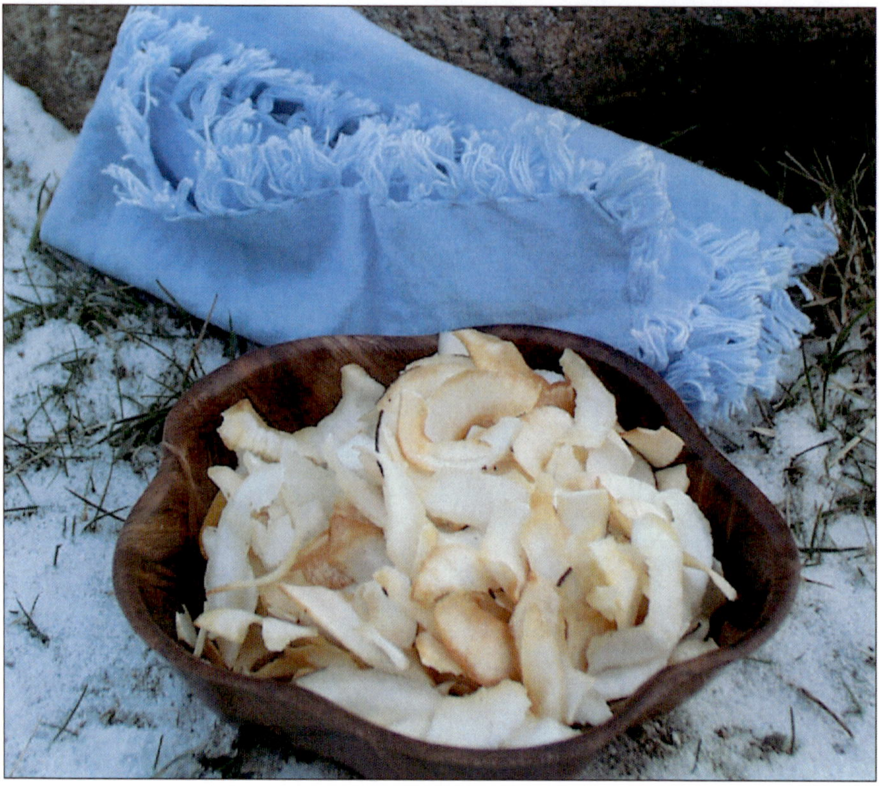

Hjemmelavede kokoschips

Man kan selv tilberede de mest velsmagende, sprøde kokoschips.
Af en enkelt kokosnød bliver der en stor pose velsmagende kokoschips, som kan anvendes til mange ting.

Del kokosnødden i to stykker
Prøv at opsamle kokosvandet i en skål, når den knækker;
det skal bruges til at tilføre chipsene endnu mere smag.

Ingredienser:

1 kokosnød med kokosvand
2-3 tsk. rørsukker

Med en ske eller kniv vrides kokosnødden ud af skallen, i så store stykker som muligt.
Chipsene dannes ved at bruge en skrællekniv på nøddeskallens brudflader.

Tilberedning:

Opløs rørsukker i kokosvand og vend chipsene heri.
Bred chipsene ud i et jævnt lag på et stykke bagepapir.
Tør chipsene i ovnen ved max. 100 gr. i 1½ – 2½ time.
Vend dem 1-2 gange undervejs.

Sesam kugler

Ingredienser:

200 gr. sesamfrø
150 gr. Palmesukker
1 spsk. gee eller sesamolie
½ tsk. pulveriseret kardemomme

Tilberedning:

Rist sesamfrøene på en tør pande.
Opvarm gee i en lille kasserolle og tilsæt palmesukker.
Lad det smelte under omrøring.
Tilsæt de ristede sesamfrø og kardemommen og rør sammen.
Lad sesamkonfekten afkøle nogle minutter.
Rul små 2 cm. kugler af konfektmassen.

Osteboller i Sirup

(Bengal Rasgullas)

Ingredienser:

200 gr. hjemmelavet hytteost*(se fremgangsmåde herunder.)
75 gr. ricotta
350 gr. palmesukker
2½ dl. vand
1 stænk rosenvand

Tilberedning:

Gnid ricotta og hytteost glat og cremet med hånden.
Del herefter ostemassen i 8 kugler.
Placér en lille klump palmesukker i midten af hver kugle.
Kog en sirup af sukker og vand.
Siruppen deles i to lige store portioner og den ene bringes til at koge.
Ostebollerne lægges i den kogende sirup lidt efter lidt, således at den ikke bliver afkølet undervejs.
Siruppen med ostebollerne koges tyk under temmelig svag varme.
Kogetid ca. 30 min.

Varm nu den tynde sirup op men kog den ikke.
Tag ostebollerne op af den tykke sirup og læg dem så ned i den tynde.
Lad ostebollerne simre i ca. 20 min.
Stænk med rosenvand.
Serveres i portionsskåle med 2 spsk. sirup på hver.

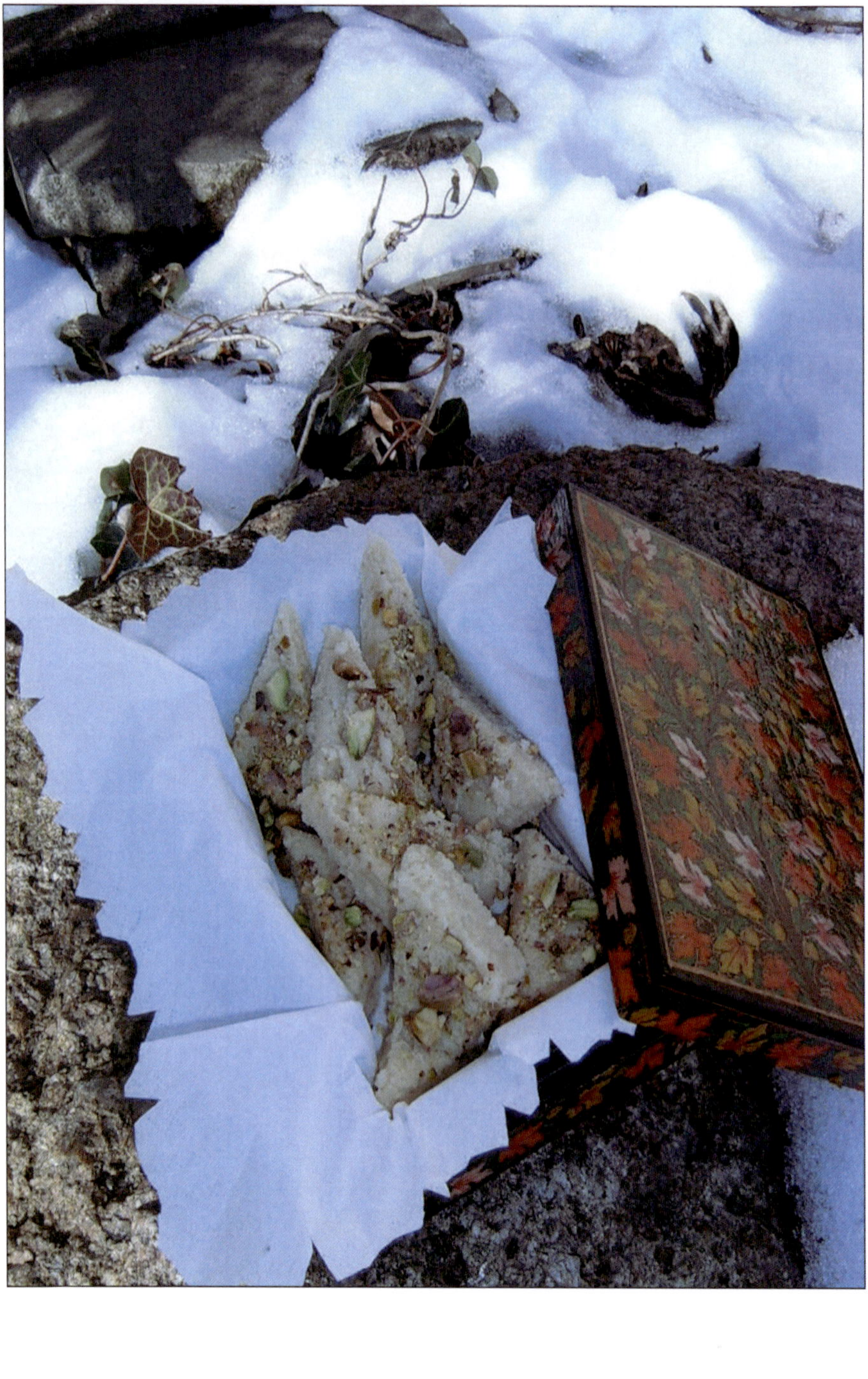

Mælkesnitter

Ingredienser:

*2 l. sødmælk
saften af 1 citron.
25-30 gr. sukker.
10-15 hakkede pistacienødder*

Tilberedning:

Mælken bringes til at koge under konstant omrøring. Når mælken koger, tages kasserollen af varmen, og der tilsættes citronsaft. Nu vil mælken begynde at klumpe sig sammen, og når mælken har samlet sig til ost, sies vallen fra.
Når osten er afkølet så man kan røre ved den uden at brænde sig skal den gnides jævn med hånden, eller en flad spatel. Man tager et lille stykke af gangen og trykker hytteosten flad medens man presser nedad og trækker hånden, eller spatelen, henover den. Osten skal til sidst være uden korn og have konsistens som en flødeost.
Osten kommes nu sammen med sukker i en wok eller gryde og opvarmes under konstant omrøring ved svag varme i et par minutter.
Pas på konfektmassen ikke begynder at blive grynet.
Den må højst blive 80 gr. varm.
Konfekten bredes ud på bagepapir. Et andet stykke bagepapir lægges over. Med kagerulle eller et skærebræt dannes en plade på ca. 1½ cm.
Mælkesnitterne skæres i romber og drysses med hakkede pistacie nødder.

Hjemmelavet hytteost

(Paneer)

Ca. 350 gram.

Ingredienser:

2 l. sødt, let eller skummetmælk.
1 citron

Tilberedning:

Smør en gryde indvendigt med lidt smør.
Bring mælken til kogning i gryden under konstant omrøring.
Pas på, at den ikke brænder på!
Når mælken begynder at koge tages den straks fra varmen.
Pres citronen og hæld saften i den hede mælk.
Der røres langsomt i mælken, som vil begynde at samle sig, og danne klumper.
Efter ca. et minut når osten har skilt sig helt fra vallen, hældes mælkestoffet og vallen igennem et klæde eller en finmasket sigte.
Gem vallen, som kan bruges til suppe, Chokoladedrik med Vanilje og til Dhokla.

Hytteosten samles i klædet og lægges under pres i nogle timer.
Gnid ostemassen glat med hånden.
Brug evt. en bred paletkniv i stedet for håndfladen.
Alle de små ostekorn skal være gnedet væk, før osten kan anvendes.
Bliv ved at bearbejde osten indtil den hænger godt sammen og er ganske silkeglat og lækker. Det tager mindst 20 min. med denne portion.

Af hytteosten kan der skæres små blokke som krydres, ristes og spises i grøn salat, i spinat eller anvendes i snacks med sukker som f.eks. Osteboller i sirup og mælkesnitter.

Mælk fra lykkelige køer er hellig.

Diverse

God Fest-te

Til 10 store glas te bruges:

40 gr. usaltede nødder (cashew, pistacie, og mandler)
1 tsk. safran
Indholdet af 4 store kardemommekapsler
1 dl. stødt palmesukker (eller rørsukker)
1 dl. mælkepulver
10 tsk. sort te
2½ l. vand

Tilberedning:

Hak alle ingredienserne i en foodprocessor, eller knus dem i morter.
Lav en god stærk te uden andre smagsstoffer end tebladenes naturlige aroma.
Kom en stor skefuld i hver kop varm te.

Ingefær-te

(4 pers.)

Ingredienser:

½ l. mælk
½ l. vand
3 spsk. god sort te uden smagstilsætning
5 cm. ingefærrod, der rives fint.
Sukker eller Hvid Stevia, efter smag

Tilberedning:

Bring mælk, vand og ingefær til kogning i en gryde.
Sluk for varmen og hæld tebladene på.
Lad teen stå i et par min og trækker.
Si gennem tepose af stof, som sørger for at alle små dele sies fra.
Sød teen med sukker eller sødemiddel.

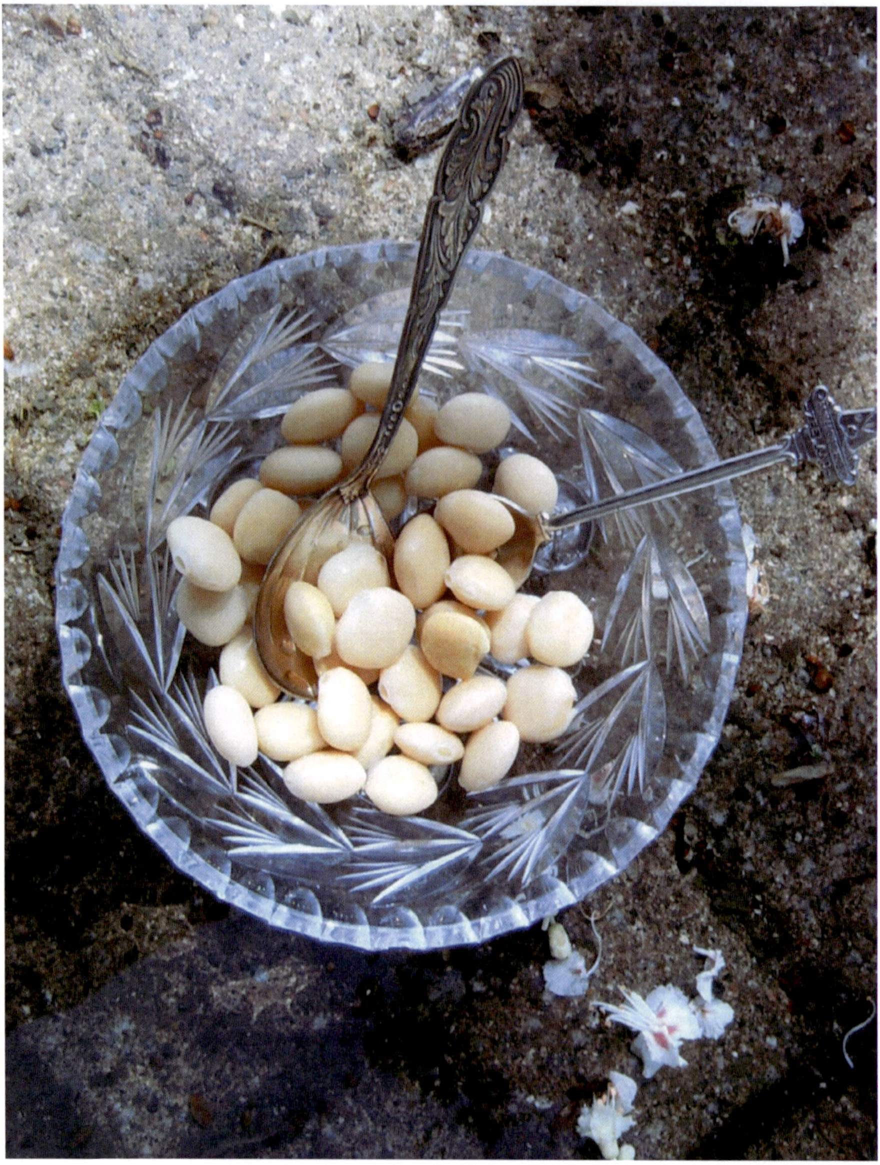

Salte Lupiner

Ingredienser:

100 gr. lupinfrø
1 spsk. salt
vand

Tilberedning:

Lupinfrøene skylles, renses og lægges i blød i 1 l. koldt vand.
Efter ca. 1 døgn skylles de igen og lægges i en lage af kogt vand og salt.
Lad frøene trække i saltlagen i nogle timer før de serveres.
Kan holde sig i køleskab i ca. 1-2 uger.

Nydes som proteinrig snack og som aperitif.

Sommerpunch

(Paanakam)

Ingredienser:

1 dl. kokosvand
1 dl. kokosmælk
2 dl. vand
50 gr. palmesukker
1 rødløg
1½ banan (kan erstattes med 1 mango i små tynde skiver)
1 paradisæble

Tilberedning:

Løg hakkes fint og bananerne skæres i små tern.
Paradisæblet skrælles og findeles.
Palmesukkeret røres med vand og kokosmælk, og det hele røres godt sammen.
Drikkes/spises af glas. Kølende.